JN068861

北海道の国鉄アルバム
上巻
（函館本線、札沼線、留萌本線、宗谷本線）

写真：安田就視　解説：辻 良樹

雪景色の中、函館本線仁山～大沼間のカーブを行くD51牽引の普通列車。七飯～大沼間の従来線には、20パーミルやそれを越える程度の上り勾配が続き、1966（昭和41）年に勾配を緩和した別線（藤城線）が開通。写真当時は、下り特急・急行列車は別線経由だったが、普通列車の大半は今も昔も別線を経由せず、渡島大野（現・新函館北斗駅）、仁山を経由。仁山駅は国鉄分割民営化でJR北海道になると旅客駅へ昇格したが、写真当時は旅客扱いを行う信号場で仮乗降場だった。ただし、全国版の時刻表にも掲載され（臨）仁山と表示されていた。同駅には、蒸気機関車牽引列車が加速して勾配を上るための加速線があり、蒸気機関車牽引の普通列車は、そこへ転線する時間を含めて、ディーゼルカーの普通列車よりも仁山→大沼の所要時間が長かった。◎仁山～大沼　1973（昭和48）年2月24日

.....Contents

※本書のタイトルなどは現行の留萌本線としておりますが、写真解説などについては時代に合わせて
　留萠本線、留萠駅の表記を使っております。また、JR化後の写真を含みます。

まえがき

　今回は、北海道の現存路線の懐かしい写真を中心とした構成。函館本線、宗谷本線をメインに、留萌本線時代を含む留萌本線や札沼線（現存区間）、青函トンネルや海峡線の定期旅客列車、道南いさりび鉄道移管前の江差線、そして現存しないが、函館本線とセットで青函連絡船の写真も掲載した。

　廃線記録シリーズ同様、国鉄時代がメイン。国鉄分割民営化後に開通した青函トンネルや津軽海峡線（総称の愛称）はJRになって間もない頃である。国鉄時代からJR初期まで、北海道の鉄道が交通の主役として活気に満ちていた時代の写真が中心。函館本線の蒸気機関車と言えば、C62牽引の急行「ニセコ」が有名だが、本誌では急行「ニセコ」の牽引からC62が引退後も山線で活躍したD51牽引の普通列車を多く掲載。宗谷本線のC55牽引による普通列車の写真も今では貴重な存在だろう。宗谷本線ではまだ特急がない時代で、ディーゼル急行の数々を掲載。天北線分岐駅だった音威子府駅も活気があり、終着駅稚内駅の昔の様子も懐かしい。

　函館本線は大沼近辺や山線の魅力とともに、小樽・札幌〜旭川の電化区間にも注目。北海道酷寒地を克服するために開発・製造された赤い電車711系、エル特急「ライラック」の名とともに強く印象に残った781系、そして781系前に登場の485系1500番台の特急「いしかり」の姿も。九州のED76形とはスタイルも異なったED76形500番台牽引の北海道のレッドトレイン50系51形、そして、忘れてはならないのが、北海道用初の特急形気動車キハ183系。キハ82系全盛期からキハ183系初期型、後期型への過渡期までが名列車とともに甦る。また、バブル期を感じさせたキハ82系やキハ183系改造のリゾート列車のほか、キハ400・キハ480形の急行「宗谷」も。札沼線では、電化前のキハ141系も今や懐かしい。北海道オリジナルの交流用電車・電気機関車、客車、気動車のオンパレードだ。

　北海道の廃線記録シリーズから続く本誌の特徴は、列車走行写真のほかに、旅人の視点で捉えた安田就視氏の駅や構内での写真、RGG（レイルウエイズグラフィック）によるプレス・プロカメラマンならではの写真も収録していることだ。そこには、華々しい列車の姿とともに、地域と鉄道というテーマもある。今年2021（令和3）年3月、宗谷本線では多くの駅が廃止された。あのCMでお馴染みの北比布、南比布の両駅もそうである。現存路線として紹介の留萌本線も今後が気になる。今回紹介の区域外だが、日高本線鵡川〜様似間が今年2021（令和3）年4月に廃線となり、江差に続いて浦河が振興局所在地に所在する駅ながら廃駅となった。

　青函連絡船のみならず、連絡船からバトンを受けた在来線の総称津軽海峡線の愛称も無くなり（海峡線の路線名は現存）、新幹線以外の定期旅客列車で青函トンネルをくぐることができなくなった。このように、目まぐるしく変わった北海道の鉄道を写真で振り返ることができるのも、本誌の特徴と言えるだろう。

2021年4月　辻 良樹

青天の水田風景を走るキハ54形500番台。
◎留萌本線　藤山〜幌糠　1999（平成11）年5月16日

【函館本線】

区間　函館〜旭川　423.1km
1905（明治38）年8月1日全通
＜砂原回り＞ 大沼〜森　35.3km
1945（昭和20）年6月1日全通

函館　はこだて
0.0km(函館起点)
↓
五稜郭　ごりょうかく
3.4km(函館起点)
↓
桔梗　ききょう
8.3km(函館起点)
↓
大中山　おおなかやま
10.4km(函館起点)
↓
七飯　ななえ
13.8km(函館起点)
↓
新函館北斗　しんはこだてほくと
17.9km(函館起点)
↓
仁山　にやま
21.2km(函館起点)
↓
大沼　おおぬま
27.0km(函館起点)
↓
大沼公園　おおぬまこうえん
28.0km(函館起点)
↓
赤井川　あかいがわ
31.7km(函館起点)
↓
駒ケ岳　こまがたけ
36.5km(函館起点)
↓
森　もり
49.5km(函館起点)
↓
石谷　いしや
56.1km(函館起点)
↓
本石倉　ほんいしくら
60.0km(函館起点)
↓
石倉　いしくら
62.1km(函館起点)
↓
落部　おとしべ
66.1km(函館起点)
↓
野田生　のだおい
71.4km(函館起点)
↓
山越　やまこし
76.0km(函館起点)
↓
八雲　やくも
81.1km(函館起点)
↓
山崎　やまさき
88.3km(函館起点)
↓
黒岩　くろいわ
94.4km(函館起点)
↓
国縫　くんぬい
102.8km(函館起点)
↓
中ノ沢　なかのさわ
107.7km(函館起点)
↓
長万部　おしゃまんべ
112.3km(函館起点)
↓
二股　ふたまた
120.9km(函館起点)
↓
黒松内　くろまつない
132.3km(函館起点)
↓

熱郛　ねっぷ
140.4km(函館起点)
↓
目名　めな
155.8km(函館起点)
↓
蘭越　らんこし
163.4km(函館起点)
↓
昆布　こんぶ
170.3km(函館起点)
↓
ニセコ　にせこ
179.6km(函館起点)
↓
比羅夫　ひらふ
186.6km(函館起点)
↓
倶知安　くっちゃん
193.3km(函館起点)
↓
小沢　こざわ
203.6km(函館起点)
↓
銀山　ぎんざん
213.4km(函館起点)
↓
然別　しかりべつ
224.1km(函館起点)
↓
仁木　にき
228.2km(函館起点)
↓
余市　よいち
232.6km(函館起点)
↓
蘭島　らんしま
237.9km(函館起点)
↓
塩谷　しおや
244.8km(函館起点)
↓
小樽　おたる
252.5km(函館起点)
↓
南小樽　みなみおたる
254.1km(函館起点)
↓
小樽築港　おたるちっこう
256.2km(函館起点)
↓
朝里　あさり
259.3km(函館起点)
↓
銭函　ぜにばこ
268.1km(函館起点)
↓
ほしみ　ほしみ
271.0km(函館起点)
↓
星置　ほしおき
272.6km(函館起点)
↓
稲穂　いなほ
273.7km(函館起点)
↓
手稲　ていね
275.7km(函館起点)
↓
稲積公園　いなづみこうえん
277.0km(函館起点)
↓
発寒　はっさむ
279.2km(函館起点)
↓
発寒中央　はっさむちゅうおう
281.0km(函館起点)
↓
琴似　ことに
282.5km(函館起点)
↓
桑園　そうえん
284.7km(函館起点)
↓

札幌　さっぽろ
286.3km(函館起点)
↓
苗穂　なえぼ
288.5km(函館起点)
↓
白石　しろいし
292.1km(函館起点)
↓
厚別　あつべつ
296.5km(函館起点)
↓
森林公園　しんりんこうえん
298.5km(函館起点)
↓
大麻　おおあさ
300.8km(函館起点)
↓
野幌　のっぽろ
304.2km(函館起点)
↓
高砂　たかさご
305.5km(函館起点)
↓
江別　えべつ
307.3km(函館起点)
↓
豊幌　とよほろ
313.5km(函館起点)
↓
幌向　ほろむい
316.7km(函館起点)
↓
上幌向　かみほろむい
322.6km(函館起点)
↓
岩見沢　いわみざわ
326.9km(函館起点)
↓
峰延　みねのぶ
335.3km(函館起点)
↓
光珠内　こうしゅない
339.8km(函館起点)
↓
美唄　びばい
343.7km(函館起点)
↓
茶志内　ちゃしない
348.1km(函館起点)
↓
奈井江　ないえ
354.3km(函館起点)
↓
豊沼　とよぬま
359.0km(函館起点)
↓
砂川　すながわ
362.2km(函館起点)
↓
滝川　たきかわ
369.8km(函館起点)
↓
江部乙　えべおつ
378.2km(函館起点)
↓
妹背牛　もせうし
385.7km(函館起点)
↓
深川　ふかがわ
392.9km(函館起点)
↓
納内　おさむない
400.3km(函館起点)
↓
近文　ちかぶみ
419.1km(函館起点)
↓
旭川　あさひかわ
423.1km(函館起点)

＜砂原回り＞

大沼　おおぬま
0.0km（大沼起点）
↓
池田園　いけだえん
3.4km（大沼起点）
↓
流山温泉　ながれやまおんせん
5.6km（大沼起点）
↓
銚子口　ちょうしぐち
6.8km（大沼起点）
↓
鹿部　しかべ
14.6km（大沼起点）
↓
渡島沼尻　おしまぬまじり
20.0km（大沼起点）
↓
渡島砂原　おしまさわら
25.3km（大沼起点）
↓
掛澗　かかりま
29.0km（大沼起点）
↓
尾白内　おしろない
31.9km（大沼起点）
↓
東森　ひがしもり
33.5km（大沼起点）
↓
森　もり
35.3km（大沼起点）

【留萌本線】

区間　深川～留萌　50.1km
1910（明治43）年11月23日開業

深川　ふかがわ
0.0km（深川起点）
↓
北一已　きたいちやん
3.8km（深川起点）
↓
秩父別　ちっぷべつ
8.8km（深川起点）
↓
北秩父別　きたちっぷべつ
11.2km（深川起点）
↓
石狩沼田　いしかりぬまた
14.4km（深川起点）
↓
真布　まっぷ
17.8km（深川起点）
↓
恵比島　えびしま
20.7km（深川起点）
↓
峠下　とうげした
28.3km（深川起点）
↓
幌糠　ほろぬか
34.5km（深川起点）
↓
藤山　ふじやま
40.0km（深川起点）
↓
大和田　おおわだ
44.2km（深川起点）
↓
留萌　るもい
50.1km（深川起点）

【札沼線】

区間　桑園～北海道医療大学　28.9km
1935（昭和10）年10月3日全通

桑園　そうえん
0.0km（桑園起点）
↓
八軒　はちけん
2.2km（桑園起点）
↓
新川　しんかわ
3.7km（桑園起点）
↓
新琴似　しんことに
5.6km（桑園起点）
↓
太平　たいへい
7.3km（桑園起点）
↓
百合が原　ゆりがはら
8.6km（桑園起点）
↓
篠路　しのろ
10.2km（桑園起点）
↓
拓北　たくほく
12.2km（桑園起点）
↓
あいの里教育大　あいのさときょういくだい
13.6km（桑園起点）
↓
あいの里公園　あいのさとこうえん
15.1km（桑園起点）
↓
石狩太美　いしかりふとみ
19.3km（桑園起点）
↓
石狩当別　いしかりとうべつ
25.9km（桑園起点）
↓
北海道医療大学　ほっかいどういりょうだいがく
28.9km（桑園起点）

【宗谷本線】

区間　旭川～稚内　259.4km
1928（昭和3）年12月26日全通

旭川　あさひかわ
0.0km（旭川起点）
↓
旭川四条　あさひかわよじょう
1.8km（旭川起点）
↓
新旭川　しんあさひかわ
3.7km（旭川起点）
↓
永山　ながやま
9.3km（旭川起点）
↓
北永山　きたながやま
11.4km（旭川起点）
↓
比布　ぴっぷ
17.1km（旭川起点）
↓
蘭留　らんる
22.8km（旭川起点）
↓
塩狩　しおかり
28.4km（旭川起点）
↓
和寒　わっさむ
36.3km（旭川起点）
↓
剣淵　けんぶち
45.2km（旭川起点）
↓
士別　しべつ
53.9km（旭川起点）
↓
多寄　たよろ
61.7km（旭川起点）
↓

瑞穂　みずほ
64.5km（旭川起点）
↓
風連　ふうれん
68.1km（旭川起点）
↓
東風連　ひがしふうれん
72.6km（旭川起点）
↓
名寄　なよろ
76.2km（旭川起点）
↓
日進　にっしん
80.2km（旭川起点）
↓
智恵文　ちえぶん
91.2km（旭川起点）
↓
智北　ちほく
93.3km（旭川起点）
↓
美深　びふか
98.3km（旭川起点）
↓
初野　はつの
101.9km（旭川起点）
↓
恩根内　おんねない
112.1km（旭川起点）
↓
天塩川温泉　てしおがわおんせん
121.5km（旭川起点）
↓
咲来　さっくる
124.7km（旭川起点）
↓
音威子府　おといねっぷ
129.3km（旭川起点）
↓
筬島　おさしま
135.6km（旭川起点）
↓
佐久　さく
153.6km（旭川起点）
↓
天塩中川　てしおなかがわ
161.9km（旭川起点）
↓
歌内　うたない
170.3km（旭川起点）
↓
問寒別　といかんべつ
175.8km（旭川起点）
↓
糠南　ぬかなん
178.0km（旭川起点）
↓
雄信内　おのっぷない
183.7km（旭川起点）
↓
南幌延　みなみほろのべ
191.6km（旭川起点）
↓
幌延　ほろのべ
199.4km（旭川起点）
↓
下沼　しもぬま
207.2km（旭川起点）
↓
豊富　とよとみ
215.9km（旭川起点）
↓
兜沼　かぶとぬま
230.9km（旭川起点）
↓
勇知　ゆうち
236.7km（旭川起点）
↓
抜海　ばっかい
245.0km（旭川起点）
↓
南稚内　みなみわっかない
256.7km（旭川起点）
↓
稚内　わっかない
259.4km（旭川起点）

函館本線
はこだてほんせん

カーブしたプラットホームが函館駅らしい。青函連絡船で渡って来た旅人は、このカーブしたホームに会って、これからの北海道の旅を感じた。北海道新幹線新函館北斗駅が開業した今日、北海道の鉄道の玄関口も様変わりしつつある。写真は「北斗」と「北海」の両雄。キハ82系特急が主力だった国鉄時代。◎函館　1983（昭和58）年7月16日　撮影：荒川好夫（RGG）

国鉄特急色時代のキハ183系特急「北斗」。キハ183系は、1979（昭和54）年に先行試作車900番台が登場、1980（昭和55）年に一部の「おおぞら」で試作車900番台の運用開始。1981（昭和56）年から基本番台が量産され「おおぞら」「北海」へ投入、翌年には「オホーツク」へ、翌年の1983（昭和58）年に特急「北斗」での運用を開始した。北海道ならではの耐寒耐雪仕様を施した名車。特急の先頭車両らしい高運転台の非貫通で、直線的なラインは着雪を防止するためのデザイン。本州から転用のキハ82系特急を順次置き換えていった。◎五稜郭〜函館　1984（昭和59）年11月1日

函館の市街地を走るキハ40＋キハ46＋キハ24の3連。車体の裾を絞ったキハ40と直線的な側面のキハ46やキハ24との違いが
わかる。ともに耐寒耐雪構造の酷寒地用ディーゼルカーで、防寒対策のデッキが付き、風雪での乗降を考慮したステップ付
の片開き扉車。そして、同系列の暖地、寒地仕様とは異なる酷寒地仕様の一段上昇式二重窓というスタイルで、北海道を訪れ
た実感を増してくれた。◎五稜郭〜函館　1984（昭和59）年11月1日

小沼から見た駒ヶ岳を背景に駆けるD51牽引の下り列車。このあたりの写真は主に手前の上り線を前から撮ったものが多い。
駒ヶ岳山麓は勾配が続き、D51が走る下り線は勾配緩和を目的に敷設された別線。◎七飯～大沼　1972（昭和47）年10月14日

きらめく秋の小沼とカーブを描くD52牽引の下り貨物列車。遠くのほうから煙を棚引かせながら小沼沿いを走ってくる姿は、とても見応えがあった。勾配緩和の別線からやってきた下り列車は、小沼沿いを走る前に渡島大野、仁山経由の線路をアンダークロスした後、写真のように湖畔に近い側へ出る。写真左側は渡島大野・仁山経由の線路である。
◎七飯〜大沼　1972（昭和47）年10月14日

渡島大野～仁山間を走るＤ51147号機。写真当時の特急・急行列車の下り列車は渡島大野駅などが所在する従来線を経由せず、全て別線経由だった。しかし、時が流れて渡島大野駅が新幹線停車駅の新函館北斗駅へ。現在の下り特急列車は、同駅が所在する従来線経由になり、上り特急列車ともに新函館北斗駅に全停車する。ただし、写真当時と同じく、現在も一部の下り普通列車は従来線を経由しない。◎渡島大野～仁山　1973（昭和48）年2月24日

函館～札幌間を結んだ快速「ミッドナイト」。写真は上り函館行。下り札幌行は写真の区間を経由せず別線（藤城線）を通過した。「ミッドナイト」用車両は、パノラミックウインドウのキハ27形200番台から改造。リクライニングシートのドリームカーキハ27形500番台とカーペットカーの同550番台で編成され、両車は全席指定席車。写真は、ミッドナイト用車両に自由席車のキハ22を連結したシーン。自由席車は、一部の日を除く青春18きっぷ利用期間に連結し、一般形車の座席車を使用した。
◎仁山～渡島大野　1993（平成5）年7月　撮影：荒川好夫（RGG）

花々が心を和ませる風景の中、対照的に真っ黒な煙を出してD51牽引の普通列車が通過する。のどかな景色ではあるが、駒ヶ岳山麓に位置する勾配区間であり、上り勾配が続く下り列車が挑んだ花々とのひとコマだ。
◎仁山〜大沼　1972（昭和47）年10月14日

駒ヶ岳を背景に写真右奥の大沼駅を発車したD51牽引の上り普通列車。このあたりでは写真のように小沼が少し離れているが、まもなくすると小沼のすぐそばを走るようになる。仁山、渡島大野方面へ向かう上り列車は、小沼沿いを過ぎると下り線をオーバークロスする。
◎大沼〜仁山
1972（昭和47）年6月20日

タンク車や有蓋車、無蓋車を連結して駒ヶ岳の山麓を走るD51牽引の上り貨物列車。まるで複線区間のように見えるが、七飯〜森間は単線区間。もう1線は勾配緩和のために敷設された七飯〜大沼間の下り用別線（藤城線）で、両線が上下でクロスした後に大きく分かれる。
◎大沼〜仁山
1972（昭和47）年10月14日

駒ヶ岳の夏山をバックにしたキハ183系初期型の
特急「北斗」。塗装は新塗装色。3両目にはハイ
デッカーグリーン車のキロ182形500番台を連結
する。キハ183系は、先行試作車の900番台と量産
の基本番台を初期型、N183系やNN183系を後期
型と呼ぶ。キハ183系初期型は、北海道専用の初
の新型特急形気動車として運行開始以来、道内の
特急列車の向上を担い長く親しまれたが、2018
（平成30）年6月に運行を終了し、その輝かしい歴
史に幕を閉じた。
◎大沼公園～大沼　1992（平成4）年9月3日
撮影：松本正敏（RGG）

函館本線の撮影名所、駒ヶ岳と小沼の風景を走るキハ82系時代の特急「北斗」。大沼や小沼は、駒ヶ岳の火山によってできた
湖沼で、大沼国定公園の代表的なスポット。特急「北斗」は、1965（昭和40）年11月にデビュー。当初は函館～旭川間を運行
したが、写真当時は函館～札幌間に統一。北斗七星に由来する愛称が北海道の特急らしく、現在も古参のネーミングトレイ
ンとして活躍している。◎大沼～七飯　1972（昭和47）年10月14日

大沼駅を森駅方面へ発車すると、渡島砂原方面へ迂回する支線（砂原線）と分かれて、左へ向かうと、大沼国定公園の最寄り駅、大沼公園駅だ。写真の駅舎は、改修を伴う改築工事前の時代。1983（昭和58）年にレトロな雰囲気を保ちながら改築され、昭和初期建築のモダンな雰囲気を今に伝えている。◎大沼公園　1973（昭和48）年10月

森〜鷲ノ巣（現・鷲ノ巣信号場）間は複線区間。かつては普通列車でも長い編成が走った同区間だけに、幹線に１両のキハ40が寂しく感じる。隣はDD51牽引のコンテナ列車。この姿さえも、今や過去の思い出となった。
◎石倉〜落部　1999（平成11）年５月

内浦湾に沿って駆ける特急「スーパー北斗」。写るのはキハ283系で、制御付自然振子式を搭載したキハ281系の改良型。現在は「スーパー」の愛称は付かず「北斗」へ統一され、定期列車は、281系や261系1000番台が基本的に運用されている。
◎八雲〜山越　1999（平成11）年５月10日

夏の北海道、D52牽引の普通列車が遊
楽部川を渡る。ぶどう色と青色の客車
の後ろに荷物車を5両連結している。
写真当時の橋梁は単線だが、橋脚が複
線化に対応した幅である。八雲〜鷲ノ
巣間は1984（昭和59）年に複線化され
た。当時の鷲ノ巣は、旅客の取扱いを
行う信号場で、全国版の時刻表にも掲
載。臨時乗降場を示す（臨）マークが時
刻表に付いていた。
◎八雲〜鷲ノ巣
1972（昭和47）年8月12日

遊楽部川を通過する函館発着時代の特
急「おおぞら」でキハ82系。同特急は、
北海道初の特急列車として1961（昭和
36）年10月のサンロクトオのダイヤ改
正で函館〜旭川間にデビュー。いわゆ
る海線と呼ばれる室蘭本線・千歳線経
由で運行し、函館本線の山線や小樽を
経由しない優等列車となった。現在の
特急「おおぞら」は札幌〜釧路間の運
行で、この区間では見ることはできな
いが、道内最古参の特急列車として活
躍を続けている。
◎八雲〜鷲ノ巣
1972（昭和47）年8月13日

DD51形500番台重連に牽引されて単
線区間の鷲ノ巣〜山崎間を行く「エル
ム」。「北斗星」デビューの翌年、1989（平
成元）年から運行を開始。多客時の「北
斗星」をカバーした臨時寝台特急列車
で、開放式B寝台で編成された。
◎鷲ノ巣〜山崎
1991（平成3）年8月22日

内浦湾沿いを快走するキハ183系後期型、NN183系2550・3550番台の特急「北斗」。1994（平成6）年に高速のキハ281系「スーパー北斗」が登場し、それに伴ってキハ183系NN183系550番台・1550番台を130km/h運転対応の2550、3550番台へ改造した。
◎黒岩～山崎
1995（平成7）年8月29日
撮影：荒川好夫（RGG）

単線区間や複線区間が区間ごとに異なる内浦湾沿いの函館本線。写真は、山崎～黒岩間の複線区間を走る新特急色のキハ183
系500・1500番台。キハ183系初期型に対して後期型と呼ばれ、別名Ｎ183系。後期型は短編成での運用を考えた設計。フレキ
シブルに臨時列車で運用されるシーンが見られた。◎黒岩～山崎　1991（平成３）年８月22日

キハ183系後期型のＮ183系やNN183系により運行された特急「北斗」。３両目は大型曲面窓を採用したハイデッカー車両の
グリーン車。NN183系は、Ｎ183系の改良型で最高速度120km/h運転へ対応し、550番台、1550番台が付番された。その後、最
高速度130km運転対応へ改造した2550、3550番台も登場。120km/hと130km/hの両用対応へ再改造したキハ183形4550番台も
登場している。◎北豊津〜国縫　1999（平成11）年５月

函館本線と室蘭本線の分岐点、長万部。写真左へカーブ
するのが函館本線、右が室蘭本線。函館本線は山線と呼
ばれる区間。特急「北斗」は、函館〜長万部間では函館
本線を走行するが、函館本線の山線には入線しないで、
海線と呼ぶ室蘭本線・千歳線経由で運行。写真手前から
３両目が食堂車。増結１両を含む７両編成の北斗３号と
思われる。◎長万部　1984（昭和59）年10月31日

山線をC62形重連で駆けた急行「ニセコ」。1971（昭和46）年9月15日をもって急行「ニセコ」の牽引から引退することとなり、2号機を先頭にしたC62形3重連で有終の美を飾った。2号機は除煙板のつばめマークが特徴。スワローエンゼルと呼ばれ、現在は京都鉄道博物館（元・梅小路蒸気機関車館）で保存されている。◎二股〜長万部　1971（昭和46）年9月15日

長万部から山線に入った先の二股〜蕨岱間を走るD51牽引の普通列車。機関車次位にはスハフ32だろうか、狭窓の古い客車
も連結されている。このあたりは長万部町で、同町に所在した蕨岱駅は2017 (平成29) 年に廃止された。
◎二股〜蕨岱　1971 (昭和46) 年9月13日

山線で雪まみれのキハ22。雪煙を上げて過ぎ去るディーゼル音が響いてきそうな写真だ。国鉄一般形気動車の標準色は、このような雪の日でも写真に撮って映え、目視でも接近がわかりやすい配色だった。◎蘭越～昆布　1973（昭和48）年3月11日

雪景色の中を走るキハ22の単行。写真左には蝦夷富士と呼ばれる羊蹄山の円錐形の山容がうっすらと写る。現在、この区間の下り早朝に、蘭越発札幌行のキハ201系による快速「ニセコライナー」が走っている。
◎昆布～蘭越　1973（昭和48）年4月8日

荷物車を連結した普通列車がD51形牽引で山線を走る。蘭越から目名の間では勾配のアップダウンを繰り返し、目名にかけての長い急勾配がひかえる。写真当時、山線から急行「ニセコ」牽引のC62形は姿を消していたが、普通列車を牽引するD51形を見ることができた。しかし、それも無煙化によって1973 (昭和48) 年9月30日が最後となった。
◎蘭越～目名　1973 (昭和48) 年4月8日

幾多の鉄道風景を生んできた山線のランドマーク的存在、蝦夷富士、羊蹄山。カーブの多い山線では、スポットによって様々な表情を見せてくれる。写真は夏山を背景にしてやってきた国鉄時代のキハ40。北海道仕様のキハ40は100番台。やはり山線にはこの朱色の国鉄色が似合うと思う国鉄ファンは多いだろう。
◎ニセコ～比羅夫　1982（昭和57）年7月31日　撮影：森嶋孝司（RGG）

パウダースノーの雪原風景を走る「ニセコエクスプレス」。キハ183系を種車に改造したジョイフルトレインで、キハ183系5000番台。大型曲面ガラスによる先頭車スタイルやJR初のプラグドア採用の鉄道車両など、バブル景気に登場したリゾート列車。札幌〜ニセコ間の臨時特急「ニセコスキーエクスプレス」などで活躍した。
◎倶知安〜小沢　1988（昭和63）年12月26日　撮影：森嶋孝司（RGG）

「C62ニセコ号」は1988（昭和63）年から1995（平成7）年まで運行。山線でのC62復活を目的に設立された北海道鉄道文化協議会の尽力によって実現した臨時快速列車である。写真は小沢駅を発車する「C62ニセコ号」。同駅は、C62牽引時代の急行「ニセコ」運行当時も停車駅だった。
◎小沢　1991（平成3）年8月

小沢駅から倶知安方面へ発車するD51牽引の上り普通列車。荷物車が並び後方に客車があり、給水塔の脇を走る。写真奥の左側が駅舎側で、駅舎側のホームが岩内線ホーム。奥に写るディーゼルカーは、岩内線で運行の車両。写真右側の島式ホームが函館本線用で、煤で黒くなった跨線橋が写る。函館本線と岩内線の分岐点は、写真左奥のさらに先である。当時の小沢駅は、C62からバトンを受けたDD51が牽引する急行「ニセコ」のほか、一部を除くディーゼル急行「ニセコ」、同じくディーゼル急行の「らいでん」も停車し、活気があった。
◎小沢 1973（昭和48）年4月5日

特急「北海」在りし日の山線。特急「北海」は、1967（昭和42）年3月にデビュー。「おおぞら」「北斗」と北海道の特急列車が登場する中、両列車ともに山線を経由しない海線経由で、ようやく山線経由の特急列車が誕生し、函館～旭川間を小樽経由で結んだ。写真は、アカシヤと写るキハ82系特急「北海」で当時は函館～札幌間の運行だった。アカシヤは、アカシアとも呼ばれるが、かつて函館本線を走った急行の愛称は「アカシヤ」であった。山線を行く特急列車として親しまれた特急「北海」だったが、国鉄最後のダイヤ改正と呼ばれる1986（昭和61）年11月のダイヤ改正で大鉈が振るわれ、ついに廃止。この時のダイヤ改正では急行「ニセコ」の臨時化もあり、とうとう山線から定期優等列車が姿を消した。
◎然別～仁木　1982（昭和57）年6月20日

小樽～ニセコ間で運行された「C62ニセコ号」。急行「ニセコ」の牽引機として活躍し、1971（昭和46）年９月15日のC62牽引最終日に３重連の次位だったC62形３号機が復活して山線を走った。青のスハフ44形４両とスハフ44形改造のカフェカースハシ44形からなる５両編成で、往年の急行「ニセコ」を彷彿させた。◎余市　1991（平成３）年８月25日

1970年代当時の蘭島駅の駅舎内。暖かそうなストーブに年代物の長椅子や赤い棒状の灰皿。何かひとつの物語を描けそうな海岸近くの駅でのひとコマ。まるでエキストラかと思うような老婆が長椅子にちょこんと座るなど、旅先で出会ったその時を捉えた安田就視さんの写真の真骨頂である。◎蘭島　1973（昭和48）年３月10日

余市湾の東側に位置する蘭島。雪景色の相対式ホーム2面2線の駅にD51346号機牽引の普通列車が到着。前3両は荷物車。当時の駅は有人駅でホームに駅員、D51に機関士と機関助士の姿が見られ、ホームにはまるで昭和の映画に出てきそうな乗客が待っている。◎蘭島　1973（昭和48）年3月10日

石狩湾の塩谷の入江と呼ばれる絶景を行くD51牽引の貨物列車。奥には断崖の海岸線が続く。山線は、余市を出て東へ進路を変えると、ようやく海沿いへ出る。石狩湾（余市湾）に沿って蘭島付近まで走ると、今度は塩谷へ向かって海岸線を避け、塩谷の入江を俯瞰しながら山側を行く。写真は、塩谷から蘭島の方向へ走る小樽方面からの上り貨物列車。
◎塩谷〜蘭島　1973（昭和48）年4月5日

D51916号機牽引の普通列車。蘭島から余市方面へかけてはほぼ直線的な線形になるが、小樽〜塩谷〜蘭島にかけては、海岸線から離れた内陸を走りカーブが多い。蘭島駅とは異なり、塩谷駅は海岸から遠く、塩谷海水浴場も駅から遠い。
◎小樽〜塩谷　1972（昭和47）年 8 月12日

小樽駅から朝里駅までは7km足らず。このあたりまで住宅地が広がり、この先、張碓駅跡付近などには、海岸が広がるばかりで、目立った住宅地は見られない。走る電車は、赤い電車と呼ばれた711系。前後のクハ711形は、中間に扉を増設した車両。
◎朝里〜小樽築港　1991（平成3）年8月28日

1968（昭和43）年8月、小樽〜滝川間が交流電化した。写真は石狩湾に沿って電化区間を走るED76形500番台＋50系51形。ED76形500番台は九州のED76形とは外観も異なる北海道仕様車。一方、50系51形は、これも本州などの50系とは異なる一段上昇の二重小窓が特徴だった。石狩湾沿いの電化区間は、北海道の電化区間を物語る有名な撮影地。複線区間で、山線とは打って変わって通過する本数が多い。◎張碓〜銭函　1991（平成3）年8月

地上時代の桑園駅を通過する急行「らいでん」。キハ22形はデッキを備えた急行形に似た車内で、国鉄時代には急行にも多数運用された。「らいでん」は末端区間では普通列車として運用され、小沢で分割併合して岩内線へ入線する編成もあった。
◎桑園　1979（昭和54）年
撮影：牛島 完（RGG）

夏の海岸に沿って軽量ステンレス製の721系が走る。721系は、1988（昭和63）年に登場、2000年代まで仕様変更を行いながら製造が続いた主力の交流近郊形である。国鉄形よりも格段に走行性能が向上し、新造時から冷房装置を搭載した固定窓車は、従来の北海道の普通列車用のイメージとは異なり話題になった。近郊形だがデッキを備え、客用扉は保温を考慮した片開き式で北海道らしい。撮影区間のうち、写真当時の張碓駅は臨時駅として夏季のみ営業していたが、その後休止、2006（平成18）年に廃止となった。
◎張碓～銭函　1991（平成3）年8月

1991（平成3）年夏の札幌駅の南口で、4代目駅舎が写る。すでに駅は1988（昭和63）年11月に一部を除いてほぼ高架化され、1990（平成2）年に完成していたが、駅舎は国鉄時代の雰囲気だった。4代目駅舎は、1952（昭和27）年12月にステーションデパートを備えた地下1階、地上4階のビルで開業。1965（昭和40）年に増築により5階建てとなった。長年、北海道を代表する中心駅の顔として親しまれたが、現在は、駅ビルを兼ねた複合商業施設のJRタワーが南口の顔となっている。
◎札幌　1991（平成3）年8月

地上時代の札幌駅に停車するディーゼル急行「狩勝」。札幌～釧路間を結び、うち2、3号は帯広～釧路間で普通列車となった。この2、3号は普通自由席のみで、グリーン車連結は1、4号のみ。1、4号は富良野線旭川～富良野間の普通列車（線内快速運転）と富良野～釧路間で併結した。◎札幌　1984（昭和59）年10月

711系に挟まれるキハ82系特急「北斗」。当時はまだ文字だけの愛称表示だった。1978(昭和53)年10月に行われた、いわゆるゴーサントオのダイヤ改正から、電車特急の愛称幕を使った絵入りのヘッドマークが登場し始め、キハ82系などの行灯タイプのヘッドマークにも後々入るようになった。キハ82系「北斗」の絵入りヘッドマークは、北斗七星をデザインした七つの黄色の星が並ぶもので、ブルー地に白抜きで北斗と入った。
◎札幌　1984(昭和59)年10月28日

キハ82系時代の特急「おおぞら」。北海道初の特急列車として、1961(昭和36)年に函館〜旭川間を海線経由で結ぶ特急としてデビュー。その後、旭川発着編成と釧路発着編成の連結を経て、1967(昭和42)年に旭川発着編成を連結しない函館〜釧路間の運行に。1972(昭和47)年には旭川発着編成の連結が復活。その後、一部列車で運行区間の変更を経て、1981(昭和56)年に石勝線経由に変わる。1986(昭和61)年11月には、ついに函館発着が消滅し、札幌発着へ統一され、今日の札幌〜釧路間に落ち着いた。◎苗穂〜白石　1974(昭和49)年頃　撮影：白井朝子(RGG)

485系1500番台の特急「いしかり」。北海道初の電車特急かつエル特急
として、札幌～旭川間に1975 (昭和50) 年7月デビュー。グリーン車を
連結しない普通車のみの6両編成で、5両が自由席車という、エル特
急の名に相応しい編成だった。485系1500番台は、特急「いしかり」の
運行に合わせて485系300番台から改造。北海道向けに耐寒耐雪対策を
強化し、運転室上の2灯の前照灯が特徴。北海道初の電車特急に期待
が寄せられたが、元々本州向けに設計開発された485系からの改造で、
雪害による故障が頻発。北海道専用の特急形電車781系の量産車が整
うとお役御免となり、青森へ転出した。しかし、道内初の電車特急と
して歴史を刻み、今日も語り継がれる懐かしのエル特急である。
◎江別～豊幌　1979 (昭和54) 年7月　撮影：荒川好夫 (RGG)

1990 (平成2) 年9月のダイヤ改正でデビューした785
系エル特急「スーパーホワイトアロー」。札幌～旭
川間を俊足の1時間20分で結んだ。785系は、札幌～旭
川間のさらなる所要時間短縮を目的に投入されたJR
北海道初の新型特急形電車で、JRグループ他社に先
駆けてVVVFインバータ制御を量産車で採用した。
◎江別～高砂　1993 (平成5) 年8月

ED76形500番台と50系51形による北海
道のレッドトレイン。九州のED76形
よりも北海道仕様のED76形500番台は
車体長が長く、50系51形の特徴ある二
重小窓とのシーンは北海道ならではの
レッドトレインを感じさせた。
◎江別～豊幌
1991（平成3）年8月29日

キハ400形・キハ480形による急行「宗
谷」。2000（平成12）年3月の「宗谷」
特急格上げ前まで運用された。種車は
キハ40形100番台のほか、キハ48形300
番台や1300番台。機関や変速機を特急
用気動車並みに交換し、リクライニン
グシートを備えた。
◎江別～豊幌　1991（平成3）年8月

北海道の旅を彩ったジョイフルトレイ
ン「フラノエクスプレス」。キハ82系
気動車からの大改造で誕生し、1986（昭
和61）年12月に札幌〜富良野間で運行
開始。スタイリッシュな外観とリゾー
ト列車らしい車内設備で、北海道初の
ブルーリボン賞に輝いた。先頭車は展
望室を備えたキハ84、中間車はキハ83
とラウンジフリースペース付のキハ80-
501だった。
◎江別〜豊幌
1991（平成3）年8月29日

函館本線電化区間の架線柱が立つ中を颯爽と走るキハ56系の3連。前の2両には青帯が入り、3両目は青帯なし。この青帯は旭川運転所に配置のキハ56系の一部に入れられたもので、臨時列車に使用されるなどした。窓が所々開いているのが夏らしい。
◎江別～豊幌　1991（平成3）年8月

札幌〜旭川間を結んだ急行「かむい」。写真は、江別市の雪原を走る711系の同列車。711系は急行にも運用され、当時の国鉄
急行形気動車よりも高速・加速性能を活かした運転で、速達列車としての使命を担った。江別駅には急行「かむい」が停車。
江別市は札幌都市圏に位置し、写真当時は札幌のベッドタウンとして人口が右肩上がりで増加していた。
◎豊幌〜江別　1975（昭和50）年12月　撮影：河野 豊（RGG）

江別市の夕張川を渡るエル特急「ライラック」。781系による4両編成が軽やかに走る。「ライラック」は4両編成と6両編成が設定され、いずれも普通車オンリー。指定席車は1両のみで他は全て自由席車。重厚な指定席車中心の特急列車というイメージを払拭するとともに、気軽な特急利用を促し、都市間輸送に大きく貢献した。
◎豊幌～江別　1986（昭和61）年6月11日　撮影：森嶋孝司（RGG）

711系は、1967（昭和42）年に試作車が製造され、翌年の小樽〜滝川間電化に向けて量産が開始された北海道初の国鉄型電車。交流のみの近郊形として日本初だった。写真は新塗色の711系で「くる来る電車 ポプラ号 SAPPORO」と入ったヘッドマークを付けている。運行間隔のパターン化で利便性向上を図る中で登場したヘッドマークだった。
◎岩見沢　1987（昭和62）年2月

781系のエル特急「ライラック」。781系は、北海道の電化区間用として開発された特急形車両。北海道の電化方式は交流のため、交直流両用の485系とは異なり、交流のみの特急形車両である。北海道の気候に応じた耐寒耐雪仕様とし、機器類への風雪吹き込み防止対策のほか、着雪を考慮した丸みのある先頭形状や外はめ式のライトを採用するなどした。1978（昭和54）年に試作車が製造され、1980（昭和55）年に量産車が登場。翌年から特急「いしかり」で運用開始。同年10月のダイヤ改正で「いしかり」から名を変えた特急「ライラック」の運用に入り、室蘭〜札幌〜旭川間を結んだ。
◎美唄　1987（昭和62）年2月

函館〜網走間を１日１往復した特急
「おおとり」。1964（昭和39）年の登場時
は、滝川駅で分割併合する根室本線経
由釧路発着の編成もあったが、1970（昭
和45）年に釧路発着の列車は特急「お
おぞら」へ編入された。函館〜網走間
を走破するロングラン特急だったが、
1988（昭和63）年に函館〜札幌間が「北
斗」、札幌〜網走間が「オホーツク」と
なり、特急「おおとり」は姿を消した。
◎砂川〜滝川
1986（昭和61）年６月10日
撮影：森嶋孝司（RGG）

べっとり雪が付着したキハ22形。北海
道なら撮れそうで、なかなか撮れない
写真ではないだろうか。雪をまきあげ
て走って来た苦闘が感じられる。写真
は地平時代の旭川駅で、旭川運転所が
駅構内にあった時代。運転所が移転し
て駅や周辺が高架化された現在では、
今や懐かしい風景だろう。
◎旭川　1977（昭和52）年12月
撮影：小野純一（RGG）

札幌市に次ぐ北海道第二の人口を擁する旭川市の代表駅。函館本線のほか、宗谷本線と富良野線の分岐駅で、石北本線の列車が乗り入れる。写真の駅舎は、1960（昭和35）年竣工の民衆駅で3代目駅舎。地下1階には旭川ステーションデパートがあった。ちなみに当時の駅名は元の濁らない「あさひかわ」に戻っていたが、1988（昭和63）年に元に戻るまでは、明治時代に変えたままの「あさひがわ」と濁った駅名の読みだった。現在の4代目駅舎は、駅の高架化とともに旧駅舎の南に建てられた。
◎旭川　1991（平成3）年8月

在りし日の青函連絡船と懐かしの津軽海峡線

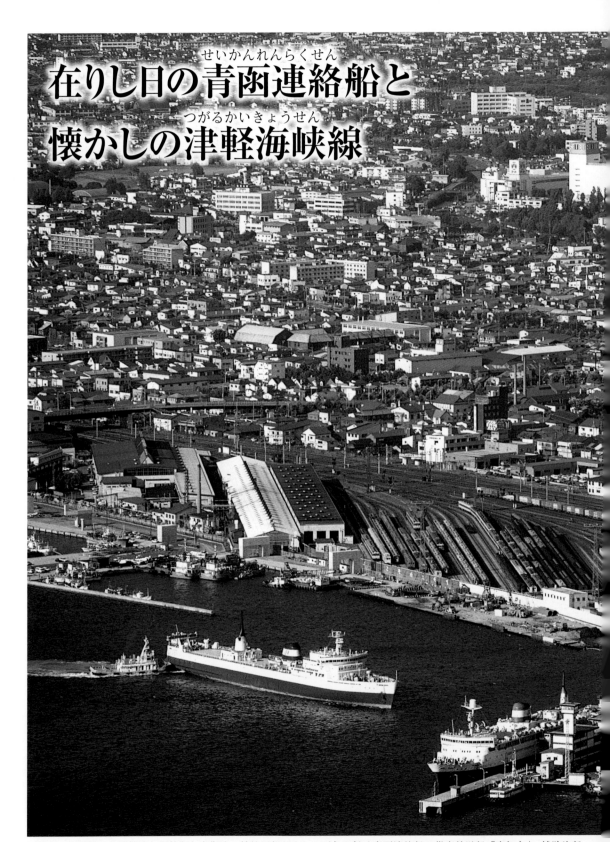

函館山から俯瞰した函館湾と函館駅と市街地。外舷下部がオレンジ色の船は青函連絡船の貨車航送船「空知丸」。補助汽船が寄り添っているのがわかる。カーブしたプラットホームから湾に出っ張った桟橋へ向けて連絡通路が見え、そして貨車航送のための線路が桟橋へ繋がっている。駅の写真左側に広がるのは現存する車両基地の函館運転所で写真当時も同名。
◎函館　1987（昭和62）年7月18日　撮影：高木英二（RGG）

函館駅と青函連絡船の風景。多くの言葉はいらないような、かつての北海道の旅を象徴したシーン。ひらがなの「れんらく船のりば」の駅頭表示が懐かしい。写真は、国鉄分割民営化後で駅舎にJR北海道のロゴマークがある。背景に写る連絡船は「羊蹄丸」。青函連絡船の最終運航日1988（昭和63）年3月13日の函館発最終が同船だった。なお、この日は青函トンネル供用開始と津軽海峡線開業との同日。同年「羊蹄丸」は復活による暫定運行も行った。その後、船の科学館で展示公開を経て、現在では解体されている。また、写真の4代目函館駅舎も今はなく、現在は5代目駅舎である。
◎函館　1987（昭和62）年7月16日　撮影：髙木英二（RGG）

写真は補助汽船による押込み作業。補助汽船とは、一般的にはタグボートと呼ばれる船のことで、補助汽船の船長や乗組員は国鉄職員（後はJR職員）。青函連絡船の離着岸に際しての補助が本任務だが、曳船や航送の障害となる漂流物などの引き上げ、さらに海難事故の救助などもあり、多岐にわたった。◎1979（昭和54）年7月1日　撮影：荒川好夫（RGG）

貨車航送船のみならず、客船でも貨車の航送は行われ、写真は八甲田丸の車両甲板にコンテナ貨車が並ぶところ。貨車の航送は、青函連絡船の通常運航最終日の1988（昭和63）年3月13日まで行われた。ちなみに、客車航送は戦後の短い間のみだった。◎1987（昭和62）年1月7日　撮影：森嶋孝司（RGG）

津軽海峡線開業により、特急「はつかり」の一部が函館まで運転を開始。写真は、485系1000番台の「はつかり」。改造で半
室グリーン車となったクロハ481形1000番台を連結（写真手前）。クロハは、青森〜函館間では青森駅で進行方向が変わるため、
青森方になった。写真は、津軽海峡をバックにした江差線の有名撮影地を走るクロハ481形1000番台他。
◎渡島当別〜釜谷　1989（平成元）年6月14日　撮影：荒川好夫（RGG）

青函トンネルの北海道側へ出て、スラブ軌道の高架を走る快速「海峡」。津軽海峡線のメインとなる海峡線中小国〜木古内間が1988（昭和63）年3月13日に開業し、青函トンネル開通で新時代が到来した。写真は開業翌年の撮影。現在、吉岡海底駅は吉岡定点に、新湯の里信号場は後に知内駅となり、知内信号場を経て湯の里知内信号場になっている。現在の海峡線は北海道新幹線として知られるが、在来線の定期旅客列車はないものの、貨物列車や「TRAIN SUITE四季島」の運行は続いている。
◎吉岡海底〜新湯の里信号場　1989（平成元）年6月14日　撮影：荒川好夫（RGG）

ED79形2号機＋50形5000番台による開業前の訓練運転。「津軽海峡線 訓練運転」のヘッドマークを掲げている。ED79形は津軽海峡線用にED75形700番台から改造された形式。写真は吉岡定点での撮影。海峡線開業と同時に吉岡海底駅となり、整理券やツアーで駅を見学できた。ちなみに、津軽海峡線は正式な路線名ではなく、海峡線のみを津軽海峡線と呼んだのではなく、津軽線、江差線、函館本線の当該区間との愛称が津軽海峡線だった。貨物列車や団体臨時列車を除き、青函トンネルを通る定期旅客列車が北海道新幹線のみになり、在来線の定期旅客列車が無くなった現在では、時刻表にも津軽海峡線の愛称はもうない。◎吉岡定点　1987（昭和62）年10月21日　撮影：高木英二（RGG）

ED79牽引の快速「海峡」。開業翌々日のシーン。客車は快速「海峡」用の50形5000番台。同番台は、50系客車から改造の固定窓が特徴で、車内は冷房化され、新幹線0系の転換クロスシートを備えた。ちなみにまだ51形5000番台は登場していない。当時の青函トンネルの人気は高く、写真のように増結編成だった。青春18きっぷで乗船できた青函連絡船の廃止後も、同きっぷなどで気軽に渡道できる列車として愛された。
◎木古内～新湯の里信号場　1988（昭和63）年3月15日　撮影：荒川好夫（RGG）

津軽海峡線開業前のひとコマ。雪景色の晴天、函館山を遠望する津軽海峡に沿って、海峡線乗り入れ対応を施した485系1000番台が快走する。3月の青函トンネル供用開始と津軽海峡線開業に向けて試運転を繰り返した。
◎渡島当別～釜谷
1988（昭和63）年2月1日
撮影：高木英二（RGG）

札沼線
さっしょうせん

桑園駅を出発すると、札沼線は単線高架で分岐する。現在も桑園～八軒間は単線区間。複線区間は八軒～あいの里教育大前間のみ。写真は桑園駅の先で分岐し、八軒駅方面へ向かう途中の景色で、背景に写るのは、札幌競馬場の旧スタンド建物。現在は改築されている。桑園駅は1988（昭和63）年11月に高架化。八軒駅高架化は写真翌年の1996（平成8）年6月で、写真には八軒駅の手前まで開通していた高架とキハ141系が写る。◎桑園～八軒　1995（平成7）年8月31日　撮影：荒川好夫（RGG）

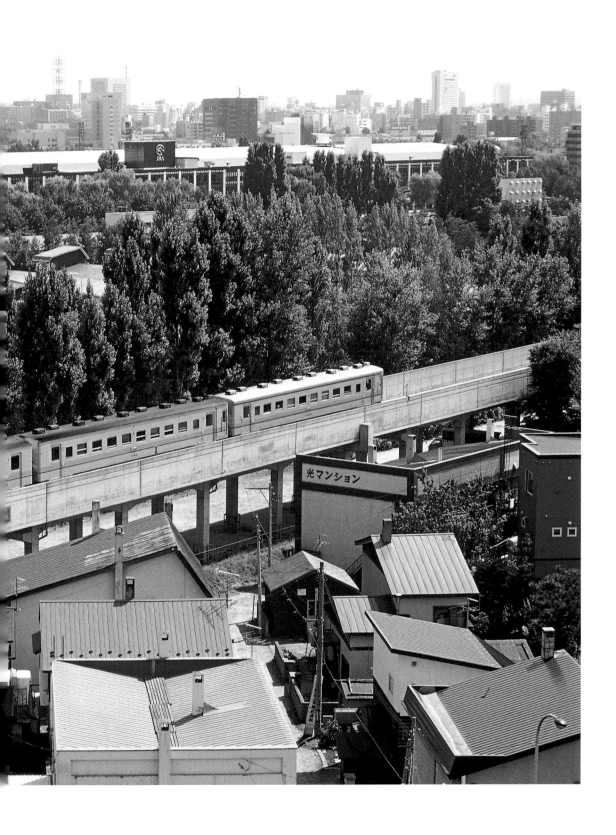

光マンション

石狩川の広い河原の岸で撮影の旧橋梁時代のトラス部分。バス窓のキハ21形などによる7両が4連のトラス橋を渡る。写真は後追い撮影で、下り列車を釜谷臼側から撮ったもの。石狩川橋梁の写真は、橋梁が比較的近い釜谷臼駅（現・あいの里公園駅）側から撮った写真が多い。写真当時の釜谷臼駅は現在地へ移転前で、林などがある程度の目立った建物のない鄙びた駅周辺だった。◎釜谷臼〜石狩太美　1980（昭和55）年7月13日

旧石狩川橋梁を行くキハ141系。夏らしい鮮やかな色彩の花々とのツーショット。キハ141系種車の50系51形は、北海道仕様のレッドトレインで、二重窓の小窓が特徴。客用扉の配置を変えずに気動車化されただけに、ライトグレーバージョン＆萌黄色帯の51形客車が走っているようにも見える。
◎石狩太美〜あいの里公園　1995（平成7）年8月31日　撮影：荒川好夫（RGG）

石狩川橋梁最寄り駅の釜谷臼駅は、1986（昭和61）年11月に駅が移転し、1990（平成2）年11月に単式ホーム1面1線から相対式ホーム2面2線の駅へ。あわせて現駅舎も完成。写真撮影の5ヶ月前にあたる1995（平成7）年3月に釜谷臼からあいの里公園へ駅名改称した。このような移り変わりの中、1991（平成3）年に札沼線の愛称が学園都市線となり、前年の1990（平成2）年から札沼線にキハ141系の投入が開始された。写真は、釜谷臼駅から改称のあいの里公園駅側から撮影したキハ141系による札幌行。キハ141系は、北海道のレッドトレイン50系51形から改造の形式。宅地化が進む札幌市郊外の輸送を支えて親しまれたが、現存区間の完全電車化で札沼線から姿を消し、旧橋梁とキハ141系とのシーンも今や懐かしいものとなった。
◎石狩太美〜あいの里公園　1995（平成7）年8月31日　撮影：荒川好夫（RGG）

旧橋梁時代の石狩川橋梁を釜谷臼駅側から撮った写真。石狩太美駅方面から渡ってきた上り列車で、キハ40＋キハ22の3連による4連を先頭車側から見たところ。釜谷臼駅（現・あいの里公園駅）は札幌市北区、対岸の石狩太美駅は石狩郡当別町。石狩川橋梁は北海道最長の鉄道橋で、1km以上向うの対岸が霞むような雄大さ。旧橋梁に比べて約10m短くなった新橋梁も1km以上あり、北海道最長だ。新橋梁への切り替えは、2001（平成13）年に行われた。
◎石狩太美〜釜谷臼　1980（昭和55）年7月13日

キハ141系在りし日の札沼線。現在は架線柱が並ぶ交流電化区間。キハ141系は平成に入ってからの改造新形式だが、国鉄51形客車からの外観に加えて、セミクロスシートのボックス席など、国鉄型車両の雰囲気。札沼線での運用終了後は、室蘭本線へ転用のほか、ミャンマーへ渡るなどし、釜石線「SL銀河」用へ改造利用されている。
◎石狩当別～石狩太美　1995（平成7）年8月31日
撮影：荒川好夫（RGG）

キハ22＋キハ56による2連。石狩当別
～石狩金沢間に大学前仮乗降場が新設
される前年の撮影。翌年1981（昭和56）
年12月に同仮乗降場が開業し、その後、
駅への昇格を経て、1995（平成7）年3
月に北海道医療大学へ改称した。2012
（平成24）年6月、桑園～北海道医療大
学間が電化。石狩金沢方面は非電化で
残り、北海道医療大学駅が電化区間の
折り返し駅に。2020（令和2）年5月、
非電化区間の北海道医療大学～新十津
川間が廃止された。
◎石狩当別～石狩金沢
1980（昭和55）年7月13日

留萌本線

<ruby>るもいほんせん<rt></rt></ruby>

9600形からの煙が長々と続く。写真左側奥のカーブの先が北一已（現・北一已）駅。旧駅名と現駅名でよく似た漢字だが異なり、巳でもないので注意。駅名改称したのは1997（平成9）年。同時に駅名の読みも改称した（別写真解説参照）。俯瞰撮影の撮影地は、現在の桜山公園近辺と思われ、この公園の開園以前、1975（昭和50）年にC58形にオロネ10形などを連結したSLホテル「桜山レジャーランドS.Lホテル」（SLではなくS.L）が開業し廃業している。◎北一已〜秩父別　1973（昭和48）年3月31日

晴れの雪景色。石狩平野を望む高台から見た9600形牽引貨物列車。写真当時の駅名は北一已で「きたいちゃん」（いっちゃんではない）と読み、現駅名は已→已にして「きたいちゃん」と読む。これは、旧雨竜郡一已村から現・深川市一已町へと続く正式な地名表記と読みである。また、秩父別は「ちっぷべつ」と読む。◎北一已～秩父別　1973（昭和48）年4月1日

雨竜川に架かるトラス橋を渡るキューロク牽引の貨物列車。車掌車や無蓋車に日が差し反射している。北秩父別駅（写真当時は仮乗降場）は、雨竜川に比較的近い駅。1956（昭和31）年に仮乗降場として開設され、1987（昭和62）年のJR化時に駅となった。◎北秩父別仮乗降場～石狩沼田　1972（昭和47）年10月19日

白煙を棚引かせながら雨竜川を越える9600形牽引貨物列車。厚い氷に閉ざされていた川が、ようやく解け始めた頃だろうか。
雨竜川は石狩川の支流で、写真のこのあたりでは、雨竜平野と呼ばれる石狩平野の北を流れる。
◎北秩父別仮乗降場〜石狩沼田　1973（昭和48）年４月１日

線路にはすでに雪がない。写真は、雪
に反射する日光が眩しいぐらいの晴れ
間を駆けるD51543号機。峠下駅は両サ
イドに山のある駅。このあたりも山の
間を走る。深川～留萌（当時は留萠）間
にはトンネルが2箇所。その2箇所が
恵比島～峠下間に存在する。
◎峠下～恵比島
1973（昭和48）年4月1日

C11171号機牽引の「SLすずらん号」。
NHK連続テレビ小説「すずらん」で蒸
気機関車のシーンが度々あり、沿線自
治体などによるSL運行推進協議会が設
立されることに。標茶町の公園で静態
保存のC11171号機を復元し運行を実
現した。恵比島駅は、NHK連続テレビ
小説「すずらん」のロケ地。現在もド
ラマに登場した明日萌驛の駅舎セット
が建っている。◎恵比島～峠下　1999
（平成11）年5月16日

希少なD61形の走行写真。D61形は9600形に代わる丙線用蒸気機関車としてD51形からわずか6機のみ改造の新形式で、国鉄蒸気機関車最後の新形式である。ちなみにD62形はD61形よりも10年ほど前の新形式。D61形は6機とも留萌機関区配置。写真はD614号機。当時は留萌本線と羽幌線を直通する貨物列車が運行され、羽幌線築別駅の築別駐泊所で撮影の4号機の写真が本書の姉妹本（北海道の廃線記録 留萌本線、宗谷本線沿線編）で掲載してあるので、合わせてご覧いただきたい。
◎峠下〜幌糠（撮影区間不詳）　1972（昭和47）年10月18日

JR北海道色のキハ40単行列車。写真当時の東幌糠駅は、留萌方面下り４本、深川方面上り３本のみが停車し、それ以外は通過した。2006（平成18）年３月に廃止となったが、その当時は、上り下りとも各２本ずつしか停車せず、他は通過という状態だった。◎幌糠〜東幌糠　1991（平成３）年10月

D511008号機がセキを連ねて走る。写真当時の峠下〜幌糠間には、1963（昭和38）年12月に開設の東幌糠仮乗降場があり、1987（昭和62）年の国鉄分割民営化で駅となった。ただし、現在は廃止されている。
◎峠下〜幌糠（撮影区間不詳）
1973（昭和48）年10月12日

晴れ間を行くキューロクと貨物列車。雪景色の山並みが美しい。留萌本線で日常的に蒸気機関車が見られたのも、写真撮影の2年後まで。D51、D61、9600の各形式が、1975（昭和50）年の無煙化まで運用されていた。写真当時、幌糠〜藤山間には桜庭仮乗降場があり、駅へ昇格した後に廃止されている。◎幌糠〜藤山（撮影区間不詳） 1973（昭和48）年4月1日

ドラフト音を奏でながらD51牽引の貨物列車がやってきた。かつては、現在の静かな留萌本線からは想像できないようなシーンがあった。留萌（現・留萌）本線沿線は、北海道では珍しい米どころ。空のセキを連ねて走るD51の脇に田んぼが広がる。
◎藤山〜幌糠（撮影区間不詳）　1972（昭和47）年10月

留萌川に架かるガーダー橋が2線分写るが、手前は羽幌線。羽幌線は留萌駅が分岐駅だったが、他線の分岐とは異なり、写真左側の向こうで留萌本線と分岐し、写真右側向こうの留萌本線のホームとは離れた羽幌線用ホームへ向かった。つまり、通常の分岐であれば、分岐駅のホームを過ぎて分岐するが、留萌本線と羽幌線の分岐は、分岐が先だった。ちなみに1941(昭和16)年12月に羽幌線留萌〜三泊間が新線になるまでは、例えば、留萌を発車して羽幌方面へ向かおうとすると、留萌本線の大和田方面へ向かって戻り、途中にあった東留萌信号場でスイッチバックして羽幌線へ入線していた。その解消のため、写真手前に写る羽幌線の新線が敷設され、留萌本線のホームとは随分離れた羽幌線用ホームが設置された。
◎大和田〜留萌
1982(昭和57)年3月26日

5月、田んぼに水が張る風景を行くキハ54形500番台。幌糠〜藤山間には、JR化に伴って仮乗降場から駅へ昇格した桜庭駅があったが、1990（平成2）年に廃止となり、写真当時にはない。現在、留萌本線は存続廃止の協議がされており、留萌市に所在するこのあたりの区間の今後が気になるところだ。
◎藤山〜幌糠
1999（平成11）年5月16日

宗谷本線
そうやほんせん

クラシックな雰囲気に包まれていた旭川駅のプラットホームに停車するC55形30号機。C55形は、特徴的な水かき付スポーク動輪が人気で、宗谷本線では写真の数年前まで夜行急行「利尻」を牽引し、その後も活躍。北海道で最後のC55形運用線区として知られた。◎旭川　1972（昭和47）年8月4日

キハ40のJR北海道色による快速「なよろ」。このようにヘッドマークが付いているとは華やかだ。比布と言えば、「ピップエレキバン」のCMを思い出す。比布駅のプラットホームに立つ駅名標の前で撮影。会長が「ピッ」と言い始めるとキハ56系の急行が通過して何も聴こえない。その後会長が「僕、北比布」樹木希林が「じゃあ、私は南比布」といった具合のCMだった。しかし、2021（令和3）年3月、南比布も北比布も両駅とも廃止となり、またひとつ、昭和の絶妙なCMの聖地が寂しくなった。
◎蘭留〜北比布　1991（平成3）年10月

キハ183系後期型の新特急色による臨時列車と塩狩駅。同駅は、塩狩峠の頂上に位置する駅。駅の元になった信号所（後に信号場）が1916（大正5）年に開設される前の1909（明治42）年に発生した客車逆行事故では、ねじ式連結器が外れた客車をハンドルブレーキで抑止しようとした職員が殉職した。その職員をモデルに旭川在住の作家三浦綾子が小説「塩狩峠」を発表したことで知られる。小説のモデルとなった長野正雄の顕彰碑や文学碑、三浦綾子が旭川で暮らした旧宅移築の塩狩峠記念館が駅付近にある。
◎塩狩　1991（平成3）年10月

名寄方面から見た塩狩駅。右に写るのが駅舎と１番線のホーム。相対式ホームの駅だが、千鳥配置のため２番線のホームが
写真では見えない。１番線にキハ53形500番台の下り快速「なよろ」が写り、ヘッドマークが付く。写真当時の快速「なよろ」
は、塩狩駅には夕方の下り1本のみの停車で、写真の雰囲気からして日没より少し前の同列車かと推測される。
◎塩狩　1991（平成３）年10月13日

キハ22朱色の2連。国鉄時代からJR初期の北海道と言えば、一番に思い浮かぶのがこのキハ22形。本州のキハ20形とは異なりデッキ付で小窓の二重窓が特徴的。一部の列車では急行にも運用され、道内の私鉄では同形車も登場。まさに北海道のスタンダード車両だった。◎下士別〜士別　1982（昭和57）年6月23日

1982（昭和57）年当時の名寄駅の駅舎。いかにも国鉄時代末期といった古ぼけた姿だが、この1927（昭和2）年築の駅舎が近年改修を終えて現在も使用されている。写真時代の屋根は青だが、改修前は緑、現在は赤で、時代によって異なるのもバリエーションがあって楽しい。北海道の市の代表駅から次々と昭和の面影が消えてゆく中、活気があった北海道の駅を今も体感できる頼もしい駅舎だ。外観や駅舎内はその時代に合わせて変化しているが、名寄本線や深名線が分岐した時代を知る駅舎が残るのは、やはり嬉しい。◎名寄　1982（昭和57）年6月22日

C55形30号機牽引の上り普通
列車が美深駅の2番線に到着。
同じホームの3番線が美幸線
だ。C55はキャブあたりまで
ホームに接し、白いマフラーを
巻いた機関士がホームで発車
までの時を過ごす。北海道で
も、真夏のキャブは酷暑。跨線
橋の陰でひと時の休息を得る
様子が写る。
◎美深
1972（昭和47）年8月4日

貨物ホーム付近から見た駅構内。名寄・旭川方面から見た様子で、奥が稚内方面。手前の2線は貨物ホームへの引込線で、
キハ22の2連が到着するのが、名寄・旭川方面の2番線。奥に写るのは、木材のストックヤード。
◎美深　1981（昭和56）年6月24日

奥が稚内方面で手前が名寄・旭川方面。左は貨物ホームへの引込線。写るキハ56系は、稚内行（天北線経由）の急行「天北」と思われ、それを後追い撮影したもので、駅舎側の1番ホームから発車したところ。右に写るプラットホームの左が名寄・旭川方面の2番線、右端に写るホーム上屋あたりの右側が3番線の美幸線のりばで、同線は名寄・旭川方から分岐した。プラットホームの写真をよく見ると、待合室の裏が少し切欠きになっていて、美幸線のりばの分しか3番線がプラットホームに接していない。待合室より稚内方のホームは3番線とは離れていて、間は草地になっている。
◎美深　1981（昭和56）年6月24日

音威子府駅の開業は1912（大正元）年。1914（大正3）年には後に天北線となる宗谷線（当時）が分岐し、以後、鉄道延伸建設の拠点基地を兼ねた鉄道の要地として拡張されていった。写真は、1982（昭和57）年当時の音威子府の駅舎。駅前には動輪をデザインした音威子府の銘板付き標柱が誇り高く聳えていた。駅は町ではなく村に所在するが、最盛期の村の人口は国鉄職員の居住を含めて町の人口に匹敵し、鉄道の村ならぬ、鉄道の町として発展してきたことを、駅前のモニュメントは伝えていた。
◎音威子府　1982（昭和57）年6月22日

名寄・旭川方面に向けて２番線を発車するDD51と荷物車マ二50が写る。後ろの編成が写っていないが、普通列車324列車だと思われる。急行「利尻」にもマ二50が連結されていたが、「利尻」の音威子府発着は深夜だ。荷物や郵便輸送のために、荷物車や郵便車を連結して走る客車普通列車が本数は少ないものの気動車化されずに運行していた。
◎音威子府　1982（昭和57）年６月22日

名寄・旭川方面から見た音威子府駅の構内。
宗谷本線と天北線の分岐点は写真の奥方。交
通の要衝に相応しく、多数の線路が分岐する
構内だった。写真左の跨線橋の向うに木造時
代の駅舎。1番線のプラットホームはその先
の短いところで、現在もここに宗谷本線の上
下の短編成が発着する。島式ホームの2番線
と3番線は、宗谷本線上下と天北線との共用
で、天北線は3番線から発着。当時は名物の
黒そばのカウンターがこのホームにあり、乗
り換え客で繁盛した。写真右に写るのは、保
線車両用の車庫。かつてはこのあたりに機関
庫や転車台を備えた。

◎音威子府　1982（昭和57）年6月23日

少し濁った天塩川に沿って煙を棚引かせる貨物列車。天塩川流域には「北海道命名之地」があり、トドマツによる碑や案内板が整備されている。これは、探検家の松浦武四郎がこのあたりに寄った際に、アイヌ民族の古老から聞いた言葉の意味から「北加伊道」という呼び名を作り、これが後に「北海道」になったとされるためである。
◎筬島〜音威子府　1975（昭和50）年5月19日

黒煙とともに間寒別駅を発車するＣ55形30号機牽引の普通列車。現在は単式ホーム１面１線の棒線駅だが、当時は列車交換可能な駅で、相対式ホーム２面２線に副本線もある駅だった。同駅は無人化されて久しいが、当時の写真にはプラットホームに国鉄職員の姿が見られ、古きよき時代を感じさせる。◎間寒別　1972（昭和47）年８月４日

1982（昭和57）年当時の幌延駅舎と駅前の様子。当時は羽幌線分岐駅だった。1973（昭和48）年12月竣工の駅舎が写り、現在もさほど大きくは変わっていない。駅には、現在で言うところの昭和旧車が並び、今では懐かしいスタイル。駅前から北側は、幌延町の中心市街地である。◎幌延　1982（昭和57）年6月21日

1966（昭和41）年建築の駅舎で、現在も使用されている。駅舎右に写るのは駅のストーブに使う灯油タンク。横に自転車が雑然と駐輪してあり、昭和の駅はこんな感じだった。隣駅の徳満駅が2021（令和3）年3月に廃止された。「徳が満ちて豊かな富を得る」ということで、縁起切符でペアを組む駅だった。◎豊富　1982（昭和57）年6月21日

貨車を連ねて宗谷本線北部を走る9600
形59696号機。線路の雪はすっかり解
けて、残雪に日光が差す。幌延〜下沼
間には、写真当時、南下沼仮乗降場が
あり、後に駅へ昇格。2006 (平成18) 年
3月に廃駅となった。
◎下沼〜幌延 (撮影区間不詳)
1973 (昭和48) 年4月3日

前端梁に警戒のゼブラ模様を施した
9600形59696号機牽引の貨物列車が
カーブをやってくる。煙室扉は白ペン
キ文字を消した跡になっていて白っぽ
い。後方3両の無蓋車には沿線で伐採
された木材が積載してある。
◎豊富〜下沼
1973（昭和48）年4月3日

サロベツ原野を遠望しながら、ぽつり
ぽつりと点在する開拓農家のある風景
を駆ける9600形牽引の貨物列車。最果
ての地が近いことを感じさせる鉄道情
景。無蓋車は空のようで、ハエたたき
と呼ばれた懐かしい送電線柱に薄日が
差す。
◎豊富〜下沼
1972（昭和47）年8月4日

放牧風景の中、乳牛越しに9600形牽引の貨物列車が通り抜ける。車掌車の次は黒の有蓋車で統一された編成。何両あるか数えたくなるようなシーンだ。写真の撮影区間だが、両駅ともに現在では廃駅になっており、徳満駅は2021（令和3）年3月、芦川駅は2001（平成13）年7月に廃止されている。◎徳満〜芦川　1975（昭和50）年5月30日

キハ400・キハ480形の急行「宗谷」。同列車などの14系客車置き換えに伴い登場したキハ40形100番台からの改造車で、高出力へアップ。スピードアップを実現し、客車列車時代に比べて大幅な所要時間短縮を図った。急行「宗谷」の特急格上げでお役御免となり、札沼線へ移った。◎勇知〜兜沼　1999（平成11）年7月18日

北海道仕様のキハ54形500番台。キハ22形やキハ40形100番台が1機関で製造されてきたのに対して、2機関を搭載する。よって、積雪時の排雪も1両の単行運行で行え、キハ22形やキハ40形100番台のように、1機関×2の2両編成を組まずにコスト低減に貢献してきた。かつては急行「礼文」でも活躍。急行仕様と呼ばれ、新幹線0系の転換クロスシートを転用し話題になった。宗谷本線で運用のキハ54形500番台の一般車の多くには、座席の交換によってキハ183系から転用の簡易リクライニングシートが使用されるが、回転はせず、固定によって方向転換はできない。この点で花咲線用の転換クロスシート車とは異なる。
◎勇知〜兜沼　1999（平成11）年7月

白線入りの9600形29613号機。このよう
な白線は装飾の意味もあったが、各地
の機関区に同形の蒸気機関車が配置さ
れていた時代の名残で、所属の蒸気機
関車を瞬時に見分ける役目も果たして
いた。次位に冷蔵車2両、その次に車
掌車と有蓋車が続く編成。北の最果て
で線路沿いの花々が心を和ませてくれ
る。
◎勇知〜抜海
1975（昭和50）年5月30日

様々な線区で汎用的に活躍したキューロクこと9600形。太い煙突に太いボイラーが無骨なスタイルで、このように横から見ると、さらに感じられる。短い橋梁から小刻みにジョイント音がしてきそうだ。写真は、9600形29607号機。積雪への日光の反射で、メカニカルな姿がよくわかる。
◎勇知～抜海
1973（昭和48）年4月3日

日本最北端の駅、稚内駅で蒸気機関車を見られた時代。9600形29675号機からの煙が漂ってきそうだ。厳冬期の駅構内は、線路もプラットホームもびっしり雪が詰まる。写真奥には側線に並ぶ貨車たちの姿が見え、かつての稚内駅を伝えている。ホーム上屋内を見ると、当時はまだ過剰なまでの「日本最北端」をPRする看板もなく、さり気ない最北端の情緒を醸し出していた。
◎稚内　1974（昭和49）年 2 月 3 日

1965（昭和40）年10月から長年親しまれた3代目駅舎。鉄道雑誌や旅行誌にも頻繁に登場した日本最北端の駅舎。1980（昭和55）年から始まった国鉄キャンペーン「いい旅チャレンジ20,000km」の時代に思春期を過ごした私にとって「いつかはここへひとり旅」と思った駅舎だった。そして、このような思いを共有した同世代も多いだろう。2011（平成23）年4月2日に最終日を迎え、駅舎内の立ち食いそば店も閉店。翌日から新たな時代の新駅舎へ移った。◎稚内　1982（昭和57）年6月21日

写真：安田就視（やすだ なるみ）

1931（昭和6）年2月、香川県生まれ、写真家。日本画家の父につき、日本画や漫画を習う。高松市で漆器の蒔絵を描き、彫刻を習う。その後、カメラマンになり大自然の風景に魅せられ、北海道から九州まで全国各地の旅を続ける。蒸気機関車をはじめとする消えゆく昭和の鉄道風景をオールカラーで撮影。

解説：辻 良樹（つじ よしき）

1967（昭和42）年1月、滋賀県生まれ。東海道本線を走る国鉄時代の列車を見て育つ。北海道から沖縄まで全国を旅する。東京にて鉄道や旅行関係のPR誌編集を経て鉄道フォトライターに。著書に『関西 鉄道考古学探見』『にっぽん列島車両図鑑』（ともに、JTBパブリッシング）『知れば知るほど面白い西武鉄道』（洋泉社）など多数。『北海道の廃線記録』を第一弾から執筆。古きよき時代の鉄道考察をライフワークとし、国鉄時代の列車や駅、旅模様や歴史などを様々な媒体で執筆している。現在は、生まれ育った滋賀県に拠点を移して活動。滋賀の鉄道に関する写真個展や地域誌への執筆、資料収集、廃線跡ツアーやカルチャーセンターでの講師、自治体などの講演活動なども行っている。

【写真提供】

（RGG）荒川好夫、牛島 完、小野純一、河野 豊、白井朝子、高木英二、松本正敏、森嶋孝司

宗谷本線普通列車の車内で、C55形30号機の次位に連結のスハフ32-402。炭水車やナンバープレートがデッキ越しに見渡せる客車列車の醍醐味だ。車内に目を移すと、ニス塗りの化粧板や狭窓などが見られる。狭窓には日除けの鎧戸ではなく内窓がはめてあり、保温や凍結防止のための二重窓だった。写真は夏の撮影で、さすがに内窓が上がっているのがわかる。
◎1972（昭和47）年8月4日

北海道の国鉄アルバム
上巻(函館本線、札沼線、留萌本線、宗谷本線)

発行日……………………2021年6月1日　第1刷　　※定価はカバーに表示してあります。

著者…………………………安田就視（写真）、辻 良樹（解説）
発行人………………………高山和彦
発行所………………………株式会社フォト・パブリッシング
　　　　　　　　　　　　〒161-0032　東京都新宿区中落合2-12-26
　　　　　　　　　　　　TEL.03-6914-0121　FAX.03-5955-8101
発売元………………………株式会社メディアパル（共同出版者・流通責任者）
　　　　　　　　　　　　〒162-8710　東京都新宿区東五軒町6-24
　　　　　　　　　　　　TEL.03-5261-1171　FAX.03-3235-4645
デザイン・DTP………柏倉栄治（装丁・本文とも）
印刷所…………………………新星社西川印刷株式会社

ISBN978-4-8021-3247-3 C0026

本書の内容についてのお問い合わせは、上記の発行元（フォト・パブリッシング）編集部宛てのEメール（henshuubu@photo-pub.co.jp）または郵送・ファックスによる書面にてお願いいたします。